소태산 대종사의
조선불교혁신론
朝鮮佛教革新論

WONBOOK 원불교출판사

朝鮮佛教革新論

머리말

"『조선불교혁신론』은 소태산 대종사 친저로 원기5년 (1920)경 부안 봉래정사에서 초안하여 원기20년(1935) 발간된 원불교 초기교서 중의 하나이며, 불교 혁신의 방향을 제시하고 있다."라고 알려져 있다.

소태산의 최초 조선 불교의 혁신 사상을 담은 글로 무려 15년 동안 구상하고 집필하여 편찬하였다. 이 글의 대부분은 소태산의 친저인 『원불교정전』과 『대종경』 서품에 수록되어 있다. 또한 원불교 창립기의 역사를 다룬 『불법연구회창건사』에서도 그 내용을 전하고 있다. 정산 종사가 집필하여 원기22년(1937)부터 2년간 《회보》에 발표한 글로 소태산 대종사의 탄생에서부터 창립 제1회인 원기12년(1927)까지의 원불교 역사에 대한 기록이다.

초기교서 중 하나인 『조선불교혁신론』은 한글을 기본으로 친절하게 한자에 한글로 음을 달아 알기 쉽게 하였다. 그러나 이 책이 출간한 지 85년이 흘러 한글은 고어古語로 표기되어 있고, 한자는 음을 달았지만 조금 난해하다. 그래서 알기 쉽도록 한글 중심으로 륜산 서문 성 교무가 정리하였고, 원본은 영인본으로 비교하기 쉽게 본문 옆에 편집하였다. 또한, 참고 자료로 우산 김혜광 교무가 풀이한 『조선불교혁신론』 해제解題를 실어 독자의 이해를 도왔다.

사실 앞에서 밝혔듯이 『원불교정전』과 『대종경』을 보면 쉽게 알 수 있지만, 원본을 찾는 공부인들이 많아 편집하여 보급하고자 이 책을 펴낸다. 『조선불교혁신론』 해제를 읽고 소태산 대종사의 경륜과 포부가 담긴 미래의 원불교가 나아갈 방향을 더위잡을 수 있다면 충분하리라 여기며 이 책의 일독을 권한다.

원기105년 시월에
원불교출판사 편집실 일동 합장

朝鮮佛教革新論

目 次

總 論 ·· (三)

過去朝鮮社會의 佛法에 對한 見解 ···························· (三)

朝鮮僧侶의 實生活 ·· (六)

世尊의 智慧와 能力 ·· (一〇)

外邦의 佛敎를 朝鮮의 佛敎로 ·· (一四)

小數人의 佛敎를 大衆의 佛敎로 ······································ (一七)

分裂된 敎化科目을 統一하기로 ·· (二一)

等像佛崇拜를 佛性一圓相으로 ·· (二四)

목 차

머리말 ⋯ 04

Ⅰ. 총론 ⋯ 09
1. 과거 조선사회의 불법에 대한 견해 ⋯ 13
2. 조선 승려의 실생활 ⋯ 19
3. 세존의 지혜와 능력 ⋯ 27
4. 외방의 불교를 조선의 불교로 ⋯ 35
5. 소수인의 불교를 대중의 불교로 ⋯ 41
6. 분열된 교화 과목을 통일하기로 ⋯ 49
7. 등상불 숭배를 불성 일원상으로 ⋯ 55

Ⅱ. 조선불교혁신론 해제 ⋯ 83

總論

佛敎로말하면 老大宗敎로서 世界的宗敎가되엿는지라 어리석은생각으로는 넓은世上에잇는佛敎를 다말할것은업스나 朝鮮佛敎에잇서서는 弊端을大綱알고 發展을하기로하는지라 外邦의佛敎를 朝鮮의 山中僧侶몃사람 猥濫히일로써 革新의內譯을말하자면 現在와未來의佛敎로 過去의佛敎를 一般大衆의佛敎로 革新하되 부처님의說하신無上大道는 變차않이할것이나 世間出世間을따라서 世間生活에必要한人生의要道를 더밝혀야할것이며 몬은敎理를 運轉하는

一

총 론

　불교佛敎로 말하면 노대老大 종교로써 세계적 종교가 되었는지라, 어리석은 생각으로는 넓은 세상에 있는 불교를 다 말할 것은 없으나, 조선朝鮮 불교에 있어서는 폐단弊端을 대강 알고 발전을 하기로 하는지라, 외람猥濫되이 이로써 혁신革新의 내역을 말하자면, 외방外邦의 불교를 조선의 불교로, 과거의 불교를 현재와 미래의 불교로, 산중山中 승려 몇 사람의 불교를 일반 대중의 불교로 혁신하되, 부처님의 설하신 무상대도無上大道는 변하지 아니할 것이나 세간世間 출세간出世間을 따라서 세간 생활에 필요한 인생人生의 요도要道를 더 밝혀야 할 것이며, 모든 교리敎理를 운전하는

二

制度(제도)와 方便(방편)도 時代(시대)와 人心(인심)을 따라서 刷新(쇄신)하여야 할것이다

이 佛敎(불교)가 우리 朝鮮(조선)에서 생겨낫다 할지라도 敎理(교리)를 運轉(운전)할 만한 補充(보충)할 수가 잇고

人物(인물)이나 고 보면 發展(발전)을 爲(위)하야 補充(보충)할것은

障害(장해)될 일은 刷新(쇄신)할 수가 잇는대

心風土(심풍토)가 달은 外邦(외방)의 宗敎(종교)로서 中國(중국)을 經由(경유)하야 이 佛敎(불교)로 말하면 朝鮮(조선)에 온 後(후) 人心(인심) 變遷(변천)을 따라서

近二千年(근이천년) 歷史(역사)를 갓엇으니 其間(기간) 政治變動(정치변동)과

或(혹) 排斥(배척)도 밧앗을 것이며 或(혹) 歡迎(환영)도 밧앗을 것이며

을 것이며 或(혹) 도음도 주엇을 것이니 그 만은 波瀾(파란)을 지내날 때에 或(혹) 弊端(폐단)도 주엇

佛敎(불교)라는 일음과 主體(주체)되는 敎理(교리)는 옛날 부처님의 說(설)하신 그대로

남어 잇슬지라도 小小(소소)한 敎理(교리)와 制度(제도)만큼은 變動(변동)이 잇슬 것은

10

조선불교혁신론

제도와 방편方便도 시대와 인심을 따라서 쇄신하여야 할 것이다.

이 불교가 우리 조선에서 생겨났다 할지라도, 교리敎理를 운전할만한 인물이 나고 보면 발전을 위하여 보충할 것은 보충할 수가 있고, 장해障害될 일은 쇄신刷新할 수가 있는데, 겸하여 이 불교로 말하면 인심人心 풍토風土가 다른 외방外方의 종교로써 중국을 경유經由하여 조선에 온 후 근近 2,000년 역사를 가졌으니, 그간 정치 변동과 인심人心 변천變遷을 따라서 혹 배척排斥도 받았을 것이며 혹 환영도 받았을 것이며, 혹 폐단弊端도 주었을 것이며, 혹 도움도 주었을 것이니, 그 많은 파란波瀾을 지날 때에 불교라는 이름과 주체主體되는 교리는 옛날 부처님의 설說하신 그대로 남아 있을지라도 소소小小한 교리와 제도만큼은 변동이 있을 것은

누구나 勿論하고 잘알줄로 믿는바이다

一, 過去朝鮮社會의 佛法에 對한 見解

佛敎는 朝鮮에 因緣이깊은 敎로서 歡迎도 많이받엇을것이며 排斥도 많이받엇을것이나 歡迎은 여러百年前에받엇고 排斥은 오래지아니하야 儒敎의 勢力에밀려서 世上을등지고 山中에들어가 有耶無耶中에 超人間的生活을하고잇섯 음으로 朝鮮社會에서는 그法을아는사람이 적은지라 이에따라 或은안다는사람은 山水와 景致가 좋은곳에는 寺院이잇다고하며 그寺院에는 僧侶와 佛像이 잇다고하며 僧侶와 佛像이 잇고보면 世上에사는사람은 福을빌고 罪를 누구나 물론하고 잘 알 줄로 믿는 바이다.

1. 과거 조선사회의 불법에 대한 견해

　불교는 조선에 인연이 깊은 교로써 환영도 많이 받았을 것이며 배척排斥도 많이 받았을 것이나, 환영은 여러 백 년 전에 받았고 배척받은 지는 오래지 아니하여, 유교儒敎의 세력에 밀려서 세상을 등지고 산중山中에 들어가 유야무야有耶無耶 중에 초인간적超人間的 생활을 하고 있었으므로 조선사회에서는 그 법을 아는 사람이 적은지라, 이에 따라 혹 안다는 사람은 말하되 산수山水와 경치가 좋은 곳에는 사원寺院이 있다고 하며, 그 사원에는 승려僧侶와 불상佛像이 있다고 하며, 승려와 불상이 있고 보면 세상에 사는 사람은 복福을 빌고 죄罪를

赦(사)하기 爲(위)하야 佛供(불공)을 단인다 하며 그 僧侶(승려)는 佛像(불상)의 弟子(제자)가 되여 가지고 妻子(처자)없이 獨身生活(독신생활)을 한다 하며 削髮(삭발)을 하고 머리에는 굴갓을 쓰고 몸에는 검박한 옷을 입고 목에다는 念珠(염주)를 걸고 손에다는 短珠(단주)를 들고 입으로는 念佛(염불)이나 誦經(송경)을 하며 或(혹) 世俗(세속)사람을 對(대)하야 魚肉酒草(어육주초)를 먹지 아니 한다 하나 우리 世(세)間(간) 安(안)을 올린다 하며 몸은 生命(생명)을 죽이지 아니 한다 하며 아모리 賤(천)한 사람일지라도 富貴(부귀)를 한다든지 八字(팔자)가 좋은 사람 上(상)사람은 兩班(양반)이라든지? 或(혹) 父母(부모)없는 불상한 兒(아)孩(해)든지 하면 僧侶(승려)가 아니 되난 것이요 四柱(사주)를 보와서 短命(단명)하다는 兒(아)孩(해)나 罪(죄)를 짓고 亡命(망명)하는 사람이

사赦하기 위하여 불공佛供을 다닌다고 하며, 그 승려는 불상佛像의 제자가 되어서 처자妻子 없이 독신獨身생활을 한다고 하며, 삭발하고 머리에는 굴갓을 쓰고 몸에는 검박儉朴한 옷을 입고 목에는 염주念珠를 걸고 손에는 단주短珠를 들고 입으로는 염불念佛이나 송경誦經을 하며, 등에는 바랑을 지고 밥을 빌며 동령動鈴[동냥]을 하며 혹 세속世俗 사람을 대하면 아무리 천賤한 사람일지라도 문안問安을 올린다고 하며, 어육주초魚肉酒草를 먹지 아니한다고 하며, 모든 생명을 죽이지 아니한다고 하나, 우리 세상 사람은 양반兩班이라든지 부귀富貴를 한다든지 팔자八字가 좋은 사람이든지 하면 승려가 아니 되는 것이요, 혹 부모 없는 불쌍한 아이나 사주四柱를 보아서 단명短命한다는 아이나 죄를 짓고 망명亡命하는 사람이나

나 或八字가 나운사람이나 衣食없이 乞食하는사람이나 이
러한類가 다 僧侶가 되는것이라하며 或僧侶中에도 工夫를 잘
하야 道僧이 되고보면 사람사는 집터나 白骨을 장사하는 墓地나
呼風喚雨와 移山渡水하는것을 마음대로 한다고도 하지마는 佛法이라
그런사람은 千에 一人이요 萬에 一人이 되난것이니 우리
하는것은 虛無한 道요 世上사람은 못하는것이라하며 景致
는 돈이잇다면 酒肉과 音樂器具를 준비하여야 가지고
찾어서 한번씩 놀다오난것은 좋다고하며 누가 절에를 단인다든
지 僧侶가 된다든지하면 그집은 亡할것이라하며 尸體를 火葬한다든
하니 子孫이음을 얻지 못할것이라하며 佛法을 밋난 僧侶라면

五

혹 팔자가 사나운 사람이나 의식衣食 없이 걸식乞食하는 사람이나 이러한 유類가 다 승려가 되는 것이라 하며, 혹 승려 중에도 공부를 잘하여 도승道僧이 되고 보면 사람 사는 집터나 백골白骨을 장사葬事하는 묘지나 호풍환우呼風喚雨와 이산도수移山渡水하는 것을 마음대로 한다고도 하지마는 그런 사람은 천千에 일인一人이요, 만萬에 일인이 되는 것이니, 불법佛法이라 하는 것은 허무虛無한 도道요, 세상 사람은 못 하는 것이라 하며, 우리는 돈이 있다면 주육酒肉과 음악 기구를 준비하여서 경치 찾아서 한 번씩 놀다 오는 것은 좋다고 하며, 누가 절에 다닌다든지 승려가 된다든지 하면 그 집은 망할 것이라 하며, 시체를 화장火葬하니 자손이 도움을 얻지 못할 것이라 하며, 불법佛法을 믿는 승려라면

人種은 人種이라도 別動物과 같이 아닌 것이 朝鮮社會의 習慣이

되엿나니 이와 같은 朝鮮에 어떠한 能力으로서 佛敎를 發展식

히며 佛法에 對한 好感을 갖게 하리요

二、朝鮮僧侶의 實生活

이말을 하고저 하는 이 사람도 過去 朝鮮社會의 한 사람으로 佛敎를

敎에 對한 常識이 없다가 어떠한 生覺 어떠한 因緣으로 朝

信仰하는 同時에 佛敎에 對한 若干의 常識이 잇게 됨으로써

鮮僧侶의 實生活을 말하게 되엿다 그 生活을 들어 말하자면

風塵 世上을 벗어나서 山水 좋고 景致 좋은 곳에 淨潔한 寺院을

인종人種은 인종人種이라도 별別 동물과 같이 아는 것이 조선사회의 습관이 되었나니, 이와 같은 조선에 어떠한 능력으로써 불교를 발전시키며 불법에 대한 호감을 갖게 하리오.

2. 조선 승려의 실생활

이 말을 하고자 하는 이 사람도 과거 조선사회의 한 사람으로 불교에 대한 상식常識이 없다가, 어떠한 생각 어떠한 인연으로 불교를 신앙하는 동시에 불교에 대한 약간의 상식이 있게 됨으로써 조선 승려의 실생활實生活을 말하게 되었다.

그 생활을 들어 말하자면, 풍진風塵 세상을 벗어나서 산수山水 좋고 경치 좋은 곳에 정결淨潔한 사원寺院을

建築(건축)하고 尊嚴(존엄)하신 佛像(불상)을 뫼시고 四方(사방)에 因緣(인연)없는 單純(단순)한 몸으로 멫사람의 同志(동지)와 松風蘿月(송풍나월)에 마음을 依支(의지)하야 새 소래 물소래 自然(자연)의 風樂(풍악)을 四面(사면)으로 둘러놓고 世俗(세속)사람이 갓어다주는 衣食(의식)으로 근심격정하나도없이 등다숨게옷입고 배불으게밥먹고 몸에는 수수한 修道服(수도복) 黑色長衫(흑색장삼)을 입고 억개에는 비단 紅袈裟(홍가사)에 日月光(일월광)을 胸背(흉배)로 둘너메고 한손에는 芭蕉扇(파초선) 또 한손에는 短珠(단주) 이와 같은 威儀(위의)로 木鐸(목탁)을 울리난 가온대 樹木(수목)사이로 散步(산보)하念佛(념불)이나 或(혹)은 誦經(송경)이나 或(혹)은 坐禪(좌선)이나 하다가 몸을 내여놓고 잇는 華麗(화려)하고 雄壯(웅장)한 大建物(대건물)中(중)에서 몸을 내여놓고 散步(산보)하는 것을 보면 朝鮮(조선)사람의 生活(생활)로서는 그 우에 더 좋은 生活(생활)은 없건축하고 존엄尊嚴하신 불상을 모시고, 사방四方에 인연 없는 단순單純한 몸으로 몇 사람의 동지同志와 송풍나월松風蘿月에 마음을 의지하여, 새소리 물소리 자연의 풍악風樂을 사면四面으로 둘러놓고 세속 사람이 가져다주는 의식衣食으로 근심 걱정 하나도 없이 등 다습게 옷 입고 배부르게 밥 먹고, 몸에는 수수한 수도복修道服 흑색黑色 장삼長衫을 입고 어깨에는 비단 홍가사紅袈裟에 일월광日月光을 흉배胸背로 놓아 둘러매고, 한 손에는 파초선芭蕉扇 또 한 손에는 단주短珠, 이와 같은 위의威儀로 목탁을 울리는 가운데 염불念佛이나 혹은 송경誦經이나 혹은 좌선坐禪이나 하다가 수목樹木 사이로 있는 화려하고 웅장雄壯한 대건물大建物 중에서 몸을 내어놓고 산보散步하는 것을 보면, 조선 사람의 생활로써는 그 위에 더 좋은 생활은 없을

을줄로알엇다 그러면 僧侶가되여서는 다이와같이 生活을

하엿는가? 朝鮮一般僧侶가 다그러한것은 아니나 一般的으로본다하드래도 半數以上은 이와같은生活을 하는줄로안다 그러나 佛敎 內面으로들어가서 心理生活과 世間生活을 本位로한것이아니라 出 의敎理와 制度케된것이 世間生活을本位로하엿나니 世間生活을 本位로한것이 번거한것이 없는것임으로 心理生活도 또 世俗風塵中에사는사람 한世俗사람과는 差異가잇슬줄로안다 世俗사람과같이 은 或萬石을받는사람이나 或宰相이나 이러한富貴를하는

줄로 알았다. 그러면 승려가 되어서는 다 이와 같이 생활을 하였는가?

조선 일반 승려가 다 그러한 것은 아니나, 일반적으로 본다고 하더라도 반수 이상은 이와 같은 생활을 하는 줄로 안다. 그러나 내면內面으로 들어가서 심리心理 생활하는 것은 잘 알 수 없지마는 불교의 교리와 제도制度 된 것이 세간 생활을 본위本位로 한 것이 아니라 출세간出世間 생활을 본위로 하였나니, 출세간 생활이라 하는 것은 대개는 세간 생활과 같이 번거飜擧한 것이 없는 것이므로 심리 생활도 또한 세속 사람과는 차이가 있을 줄로 안다.

세속世俗 풍진風塵 중에 사는 사람은 혹 만석萬石을 받는 사람이나 혹 재상宰相이나 이러한 부귀富貴를 하는 사람이라도 그와같이한가한 生活(생활) 淨潔(정결)한 生活 趣味(취미)잇는 生活은 하지못할것이요 아모리못난 僧侶(승려) 貧賤(빈천)한사람이라도 俗家(속가)에 一二百石(일이백석)밧는사람보다는 趣味(취미)잇는 生活(생활)을 한가한 生活(생활)을 한다 할것이다 우리 世間(세간)農村(농촌)窮民(궁민)의 生活(생활)하는것을보면 두줄새에 목을넣고 팟죽같은땀을흘려가며 여름이되고보면 보리밥삼 아먹은더운방에서 모구(蚊)빈대 뜻거가며 잠을자고 밥은 或(혹)은보리죽 純麥食(순맥식)에 된장간장이 반찬이요 그도못먹으면 을 먹으며 자리는 갈자리나 밀대방석을 사용하며 몸에 는 흉악한무명베로 儉朴(검박)한옷을해입고 三伏時節(삼복시절)더운날에 쉴 틈없이 勞力(뇌력)하야 겨우〻農事(농사)라고지여놓으면 빗밧을사람은

九

사람이라도 그와 같이 한가한 생활, 정결한 생활, 취미 있는 생활은 하지 못할 것이오. 아무리 못난 승려, 빈천한 사람이라도 속가俗家에 1, 2백 석을 받는 사람보다는 취미 있는 생활, 한가한 생활을 한다고 할 것이다.

  우리 세간世間 농촌 궁민窮民의 생활하는 것을 보면 두 줄 새에 목을 넣고 팥죽 같은 땀을 흘려가며, 여름이 되고 보면 보리밥을 삶아 먹은 더운 방에서 모기[문蚊], 빈대 뜯겨가며 잠을 자고, 밥은 순 맥식麥食에 된장 간장이 반찬이요, 그도 못 먹으면 혹은 보리죽을 먹으며, 자리는 갈자리나 밀대방석을 사용하며, 몸에는 흉악한 무명베로 검박儉朴한 옷을 해 입고, 삼복三伏시절 더운 날에 쉴 틈 없이 노력하여 겨우겨우 농사라고 지어 놓으면, 빚 받을 사람은 성화같이 달려와서 다가저가고보면 먹을것이없게되야 畢竟에는 父母妻子 食口들까지라도 서로써우고 원망하며 이러한 世上 어서죽엇으면 좋겟다고 한숨으로歲月을 보내나니 이에比하면 山中僧侶修道生活은 天上仙官의 生活이라아니할 僧侶 수없다 世俗사람으로 이만한生活을 알고보면 그어찌 되기를 願치아니하리요

三. 世尊의 智慧와 能力

대부쳐님께서는 모든 衆生이 生死잇는줄만알고 多生劫來에 限없는 生이 우리는 生死없는 理致와 多生이없는줄로아는 잇는줄을 더알으섯으며 우리는 우리 一身의 本來理致도 몰

26 조선불교혁신론

성화같이 달려와서 다 가져가고 보면 먹을 것이 없게 되어, 필경畢竟에는 부모·처자 식구들까지라도 서로 싸우고 원망怨望하며 이러한 세상 어서 죽었으면 좋겠다고 한숨으로 세월을 보내나니, 이에 비하면 산중 승려 수도修道생활은 천상天上 선관仙官의 생활이라 아니할 수 없다. 세속世俗 사람으로 이만한 생활을 알고 보면 그 어찌 승려 되기를 원치 아니하리오.

3. 세존의 지혜와 능력

 우리는 모든 중생衆生이 생사生死 있는 줄만 알고 다생多生이 없는 줄로 아는데 부처님께서는 생사 없는 이치와 다생겁래多生劫來에 한없는 생이 있는 줄을 더 아셨으며, 우리는 우리 일신一身의 본래本來 이치理致도

으는대 부쳐님께서는 天地萬物의 本來理致까지 더 알으섯으며 우리는 善道가 무엇인지 惡道가 무엇인지 區別이 分明치 못하야 우리가 우리 一身을 惡塗에 떠러지게 하는대 부쳐님께서는 自身을 濟度하신 後에 十方世界 一切衆生을 惡塗에서 善道로 濟度하는 能力이게시며 우리는 우리가지여서 밧는 苦樂도 몰으난대 부쳐님께서는 衆生이 지여서 받는 苦樂과 偶然히 받는 苦樂까지 알으섯으며 우리는 福樂을 需用하다가도 못하게 되면 할 수 없는대 부쳐님께서는 못하게 되면 난 境遇에 난 福樂을 또 오게 하난 能力이 게시며 우리는 밝엇든지 되난대로 사난대 부쳐님께서는 智慧가 어두웟든지 밝엇든지 智慧가 어두워지

二

모르는데 부처님께서는 천지만물天地萬物의 본래本來 이치理致까지 더 아셨으며, 우리는 선도善道가 무엇인지 악도惡道가 무엇인지 구별이 분명치 못하여 우리가 우리 일신一身을 악도에 떨어지게 하는데 부처님께서는 자신을 제도濟度하신 후에 시방세계十方世界 일체중생一切衆生을 악도에서 선도로 제도하는 능력이 있으시며, 우리는 우리가 지어서 받는 고락苦樂도 모르는데 부처님께서는 중생衆生이 지어서 받는 고락과 우연偶然히 받는 고락까지 아셨으며, 우리는 복락福樂을 수용需用하다가도 못하게 되면 할 수 없는데 부처님께서는 못하게 되는 경우에는 복락을 또 오게 하는 능력能力이 있으시며, 우리는 지혜智慧가 어두웠던지 밝았던지 되는대로 사는데 부처님께서는 지혜가 어두워지면

면 밝게하는 能力(능력)이 게시고 밝으시면 繼續(계속)하야어두워지지않게하는 能力(능력)이 게시며 우리는 貪心(탐심)이나 嗔心(진심)이나 痴心(치심)에 끌려서 잘못하는일이 많이잇는대 부처님께서는 天地萬物虛空法界(천지만물허공법계)없게 貪心(탐심) 嗔心(진심) 痴心(치심)에 끌리는바가 없으시며 우리는 天地萬物虛空法界(천지만물허공법계)잇는놈에 끌려서 잇는놈을 當(당)할때에 잇는놈까지알으시고 없는놈을 當(당)할때에 없는놈까지알으시며 우리는 天道(천도), 人道(인도), 地獄(지옥), 餓鬼(아귀), 畜生(축생), 修羅(수라), 이六途(육도)와 胎卵濕化四生(태란습화사생)을 알지도못하는대 부처님께서는 이六途四生(육도사생)의 變化(변화)하는 理致(이치)까지알으시며 우리는 달은 物件(물건)을 害(해)하여다가 우리를 좋게하려고하

밝게 하는 능력能力이 있으시고 밝으면 계속하여 어두워지지 않게 하는 능력이 있으시며, 우리는 탐심貪心이나 진심嗔心이나 치심痴心에 끌려서 잘못하는 일이 많이 있는데 부처님께서는 탐심·진심·치심에 끌리는 바가 없으시며, 우리는 천지만물天地萬物 허공법계虛空法界 있는 놈에 끌려서 천지만물 허공법계 없는 놈을 모르는데 부처님께서는 있는 놈을 당當할 때 없는 놈까지 아시고 없는 놈을 당할 때 있는 놈까지 아시며, 우리는 천도天道·인도人道·지옥地獄·아귀餓鬼·축생畜生·수라修羅 이 육도六途와 태胎·란卵·습濕·화化 사생四生을 알지도 못하는데 부처님께서는 이 육도 사생의 변화하는 이치理致까지 아시며, 우리는 다른 물건을 해害하여다가 우리를 좋게 하려고

31

는대 부처님께서는 事物을當할때에 自利利他로하시다가 못하시게되면 利害와 生死를 不顧하시고 他物을利롭게하는것으로써 當身의福樂을삼으시며 우리는 몇十萬石을받는다하드래도 四方周圍몇千里안이 自己의所有가될것이요 집으로말하드래도 몇百間몇千間밖에는 自己의所有가않일일이며 眷屬으로만말하드래도 몇十名몇百名밖에는 自己의眷屬이않일것인대 부처님께서는 十方世界가 다부처님의所有요 十方世界의 一切衆生이 다부처님의 眷屬이라하섯으니 이런말을보고들을때에는 方世界의몸은建物이 다부처님의 建物이오 生이 다부처님의眷屬이라하섯으니 理解없는사람은 浮荒한말이라할것이나 아는사람에잇서서는 하는데 부처님께서는 사물을 당할 때 자리이타自利利他로 하시다가 못하시게 되면 이해와 생사生死를 불고不顧하시고 타물他物을 이롭게 하는 것으로써 당신의 복락福樂을 삼으시며, 우리는 몇십만 석萬石을 받는다고 하더라도 사방 주위 몇천 리 안이 자기의 소유가 될 것이요, 집으로 말하더라도 몇백 간 몇천 간밖에 자기의 소유가 아닐 것이며, 권속眷屬으로만 말하더라도 몇십 명 몇백 명 밖에는 자기의 권속이 아닐 것인데, 부처님께서는 시방세계十方世界가 다 부처님의 소유所有요, 시방세계의 모든 건물이 다 부처님의 건물이요, 시방세계의 일체중생一切衆生이 다 부처님의 권속眷屬이라 하셨으니, 이런 말을 보고 들을 때에는 이해理解 없는 사람은 부황浮荒한 말이라 할 것이나, 아는 사람에 있어서는

字々글人귀가 다― 金言玉說로알을것이다 이부처님의 智慧와
能力을 어리석은 衆生의입으로나 붓으로 어찌다― 成言하며
記錄하리요마는 大畧을들어 衆生濟度하는 그 敎理를 말하자
면 높기로는 須彌山같고 깊기로는 恒河水같고
河沙모래수와같고 넓읍고 크기로말하면 天地萬物虛空法界
를 다包含하엿나니 우리 佛法信者는 이와같은부처님의 智慧
와 能力을언어가지고 濟度衆生하는대에 勢力하기바라는바
이다

四, 外邦의 佛敎를 朝鮮의 佛敎로

印度의 佛敎가 中國을 經由하야 朝鮮에왓는지라 朝鮮사람으

자자字字 글귀가 다― 금언옥설金言玉說로 알 것이다. 이 부처님의 지혜와 능력을 어리석은 중생의 입으로나 붓으로 어찌 다― 성언成言하며 기록하리요마는, 대략을 들어 중생 제도하는 그 교리를 말하자면 높기로는 수미산須彌山 같고, 깊기로는 항하수恒河水 같고, 교리 수효로는 항하사恒河沙 모래 수와 같고, 넓고 크기로 말하면 천지만물 허공법계를 다 포함하였나니, 우리 불법佛法 신자는 이와 같은 부처님의 지혜와 능력을 얻어서 제도 중생 하는 데에 노력하기 바라는 바이다.

4. 외방의 불교를 조선의 불교로

인도印度의 불교가 중국을 경유하여 조선에 왔는지라, 조선 사람으로는

로는 그 經傳을 볼때에 사람일홈이나 땅일홈이나 物件일홈
이나 일에 對한말이나 理致에 對한말이나 印度熟語와 名詞
가 만아며 或은 中國熟語와 名詞도 잇스며 또는 朝鮮사람이
一般的으로 배우기도 어렵고 알기도 어려운 漢文으로써
經傳이 大槪 되야잇는 고로 그 經傳을 朝鮮社會에 내여놋고 有
無識 男女 老少를 綱羅하야 가르처 주기가 어려울것이니 우리
는 印度佛敎에도 끌리지말고 中國佛敎에도 끌리지말고
朝鮮在來佛敎에도 끌리지말고 오즉 부처님의 無上大道의 要
旨와 十方世界 一切衆生을 慈悲로 濟度하시든 綱領을 들어
朝鮮名詞와 熟語와 朝鮮文字에 或 漢文을 加하야 敎理와

그 경전經傳을 볼 때 사람 이름이나 땅 이름이나 물건 이름이나 일에 대한 말이나 이치理致에 대한 말이나 인도 숙어熟語와 명사名詞가 많으며, 혹은 중국 숙어와 명사도 있으며 또는 조선 사람이 일반적으로 배우기도 어렵고 알기도 어려운 한문漢文으로 경전經傳이 대개 되어있는 고로, 그 경전을 조선사회에 내어놓고 유·무식有無識 남녀노소를 망라網羅하여 가르쳐 주기가 어려울 것이니, 우리는 인도 불교에도 끌리지 말고 중국 불교에도 끌리지 말고 조선 재래在來 불교에도 끌리지 말고, 오직 부처님의 무상대도無上大道의 요지要旨와 시방세계十方世界 일체중생一切衆生을 자비慈悲로 제도濟度하시던 강령綱領을 들어, 조선 명사와 숙어와 조선 문자에 혹 한문을 가加하여 교리敎理와

制度를 精選하여 일로써 初等敎科書를 定하고 부처님의 無上大道의 理致와 慈悲事業의 大義를 깨치게한後에 過去經傳은 參考的으로 가르치난것이 좋을것이니 佛法의 大義를 쉽게알고 저하는사람은 이佛法의 革新內容을 잘알아갖이고 智慧와 能力을 速度로얻어야할것이며 以上에말한 過去經傳을 自己가 任意로부처보드락까지 배우기로하면 時日이 近十年이 걸릴것이며 또부처님의 眞理를 배와알기로하면 限없이 時日을 걸릴것이니 우리朝鮮 貧寒한社會에서 奔忙한生活을 하는사람은 餘暇를 따라서 速度로하는 方法을 取하여야할것이니 이에 歡喜心을 發하야 以上에말한 敎科書로써 世間出

제도를 정선精選하여 이로써 초등 교과서初等教科書를 정하고, 부처님의 무상대도無上大道의 이치와 자비慈悲 사업의 대의大義를 깨치게 한 후에 과거 경전經傳은 참고로 가르치는 것이 좋을 것이니, 불법佛法의 대의를 쉽게 알고자 하는 사람은 이 불법의 혁신革新 내용을 잘 알아서 부처님의 지혜와 능력을 속도速度로 얻어야 할 것이며, 이상에 말한 과거 경전을 자기가 임의任意로 부처 보도록 까지 배우기로 하면 시일이 근 10년이 걸릴 것이며, 또 부처님의 진리를 배워 알기로 하면 한없이 시일이 걸릴 것이니, 우리 조선의 빈한貧寒한 사회에서 분망奔忙한 생활을 하는 사람은 여가를 따라서 속도速度로 하는 방법을 취取하여야 할 것이니, 이에 환희심歡喜心을 발하여 이상에 말한 교과서로써 세간世間

世間(세간)을 勿論(물론)하고 잘배우기를바라는바이다

五、小數人(소수인)의 佛敎(불교)를 大衆(대중)의 佛敎(불교)로

在來朝鮮佛敎(재래조선불교)는 排斥(배척)을받을때에 小數人(소수인)의 宗敎(종교)로서 世間(세간)을 本位(본위)하야 敎理(교리)와 制度(제도)가 組織(조직)되얏음으로 世間生活(세간생활)하는 俗人(속인)에게잇서서는 몸은것이 反對(반대)같이되얏으며 또는 世間生活(세간생활)하는 主體(주체)가되지못하고 客觀的(객관적)임으로 버리고 出世間生活(출세간생활)하는 僧侶(승려)를 人(인)의 信者(신자)가 잇다할지라도 그中(중)에서 特殊(특수)한 事業(사업)과 特別(특별)한 工夫(공부)를 한사람이잇다면 己(기)어 니와 그렇지아니하고 普通(보통) 信者(신자)에잇서서는 出世間生活(출세간생활)하는

一七

출세간出世間을 물론하고 잘 배우기를 바라는 바이다.

5. 소수인의 불교를 대중의 불교로

재래在來 조선 불교는 배척排斥을 받을 때 소수인小數人의 종교로써 세간世間을 버리고 출세간出世間 생활하는 승려를 본위本位하여 교리와 제도가 조직되었으므로 세간 생활하는 속인俗人에게 있어서는 모든 것이 서로 맞지 아니하고 반대反對같이 되었으며, 또는 세간 생활하는 속인의 신자信者가 있다 할지라도 주체主體가 되지 못하고 객관적客觀的이므로, 그중에서 특수特殊한 사업과 특별特別한 공부工夫를 한 사람이 있다면 어쩔 수 없지만 그렇지 아니하고 보통 신자에 있어서는 출세간 생활하는

僧려侶와같이 부쳐님의 直직통제자統弟子로나 佛불가家의 祖조상上으로들어가기가 어려웁게되엿으니 어쩌그 敎교리理그 制도度로써 大대중화衆化가되리요 또는 以이상上에말한 出출세간世間을 本본위한位한 敎교리理와 制도度가 世세間간生활活에맞지않는 內내력譯을 大대강綱들어말하자면 人인간間이없는곧에다 敎교당堂을두웟으니 人인간間을벗어나서 士농공상農工商의 原원직업職業을 사람을가르치난것인대 世세간생활間生活에奔忙한그사람들로 어느餘여가暇에 敎교를받을것이며 衣의식생활食生活에잇서서도 生생활活을하엿으니 그敎를받을것이며 衣식생활食生活에잇서서도 놓와버리고 佛불공供이나施시주主나動동령鈴으로써 大대중衆이다—할 生생활活이며 또는 結결혼생활婚生活에 들어가서도 出출세世찌공부夫하는사람에게 잇서서는 絕對로하지못하게되엿으니 間잔공부工夫하는사람에게 잇서서는 絕對로하지못하게되엿으니 승려와 같이 부처님의 직통 제자로나 불가佛家의 조상으로 들어가기가 어렵게 되었으니, 어찌 그 교리 그 제도로써 대중화가 되리오.

또는 이상에 말한 출세간을 본위本位 한 교리와 제도가 세간 생활에 맞지 않는 내역內譯을 대강 들어 말하자면, 교敎라 하는 것은 사람을 가르치는 것인데 인간이 없는 곳에다 교당을 두었으니 세간 생활에 분망奔忙한 그 사람들로 어느 여가餘暇에 인간人間을 벗어나서 그 교敎를 받을 것이며, 의식衣食 생활에 있어서도 사농공상士農工商의 원직업原職業을 놓아버리고 불공佛供이나 시주施主나 동령動鈴[동냥]으로써 생활을 하였으니, 어찌 대중이 다 할 생활이며 또는 결혼생활에 들어가서도 출세간 공부하는 사람에게 있어서는 절대絕對로 하지 못하게 되었으니,

그 生活이 또한 넓옵지 못하다 할것이며 生活하는 敎理가 具體的으로 되들 못하엿으니 어찌 그 法이 넓으며 敎理로 말하여도 世間 生活하는 敎理가 具體的으로 되들 못하엿으니 어찌 그 法이 넓으며 敎理로 말하여도 世間

다 할것인가? 그러면 어찌하여야 할것이냐? 하면 世間工夫하

는 사람이나 出世間 工夫하는 사람에 對하야 딸을 것이며 繼續하는 대에도 主客의 差別이 업고 差別이 업

工夫와 事業의 等級만

이 直統으로 할것이며 修道하는 處所도 信者를 따라서 어느

곧 이든지 建設하여야 할것이며 衣食生活에 들어가서도 各自의 處

地를 따라서 하게 할것이며 結婚生活에 들어가서도 自意에 맷

길것이며 在家出家를 하는 것도 特殊한 誓願은 말할것이 업스나

正式에 들어가서 幼年期에는 文學을 배우게 하고 壯年期에 잇

一九

그 생활이 또한 넓지 못하다 할 것이며, 교리로 말하여도 세간 생활하는 교리가 구체적으로 되지를 못하였으니, 어찌 그 법이 넓다 할 것인가.

그러면 어찌하여야 할 것이냐 하면 세간 공부하는 사람이나 출세간 공부하는 사람에 대하여 주객主客의 차별이 없이 공부와 사업의 등급만 따를 것이며, 계통繼統하는 데에도 차별이 없이 직통直統으로 할 것이며, 수도하는 처소處所도 신자를 따라서 어느 곳이든지 건설하여야 할 것이며, 의식衣食 생활에 들어가서도 각자의 처지를 따라서 하게 할 것이며, 결혼생활에 들어가서도 자의自意에 맡길 것이며, 재가 출가를 하는 것도 특수한 서원은 말할 것이 없으나, 정식에 들어가서 유년기幼年期에는 문학文學을 배우게 하고, 장년기壯年期에서서는 道學(도학)을배우며 濟度事業(제도사업)에 勞力(노력)케하고 六十(육십)이넘어서는 景致(경치)좋은 山中寺院(산중사원)에들어가서 世間(세간)의愛着貪着(애착탐착)을다여이고 生死大事(생사대사)를 練磨(연마)하며 不寒不熱(불한불열)한 春秋六個月(춘추육개월)이되고 보면 世間敎堂(세간교당)을 巡廻(순회)하야 몬은信者(신자)로하야금 出入(출입)을中止(중지)하고 山中生(산중생)가도록하며 冬夏六個月(동하육개월)이되고보면 自然(자연)의風樂(풍락)을둘너놓고 一生(일생)餘年(여년)을맞치고보면 勿論(물론)하고活(활)에들어가서 물소래 새소래 벗을삼아 또 世間出世間(세간출세간) 道理(도리)와 南無阿彌陀佛(나무아미타불)로 生活(생활)에缺陷(결함)된點(점)이 없을것이며 敎理(교리)에들어가서도 見性養性(견성양성)만 主體(주체)로할 大衆化(대중화)하기로하니 率性(솔성)을加(가)하야 三大綱領(삼대강령)을 主體(주체)로하여야할것임 것이아니라 있어서는 도학道學을 배우며 제도 사업에 노력하게 하고, 60이 넘어서는 경치 좋은 산중 사원에 들어가서 세간의 애착愛着 탐착貪着을 다 여의고 생사대사生死大事를 연마하며, 불한불열不寒不熱한 춘추春秋 6개월이 되고 보면 세간 교당을 순회하여 모든 신자가 선도善道에 나아가도록 하며, 동하冬夏 6개월이 되고 보면 출입을 중지하고 산중 생활에 들어가서 물소리 새소리 자연의 풍악風樂을 둘러놓고 이 무슨 도리道理와 나무아미타불로 벗을 삼아 여년餘年을 마치고 보면, 일생一生 생활에 결함된 점이 없을 것이며, 또는 세간 출세간을 물론하고 대중화하기로 하니, 교리에 들어가서도 견성見性·양성養性만 주체主體로 할 것이 아니라 솔성率性을 가하여 삼대강령三大綱領을 주체로 하여야 할 것이므로

으로 出世間 工夫하는 工夫의 要道를 만들어야 할것이며 世間出世間을 勿論하고 生活하는 人生의 要道를 만들어야 할것이며 世間出世間을 勿論하고 工夫에 對한 訓練의 科目을 만드러야 할것이며 機關에 들어 가서도 時代와 人心을 따라서 이 敎理 이 制度를 運轉하는대 缺陷됨이업도록 組織하여야 할것이니 우리 一般信者는 이에 勞力하기바라는바이다

六. 分裂된 敎化科目을 統一하기로

在來佛敎에서 信者의게 가르치는 科目은 或은 經傳을 가르치며 或은 話頭들고 坐禪하는 法을 가르치며 或은 念佛하는 法을 가르

출세간 공부하는 공부工夫의 요도要道를 만들어야 할 것이며, 세간 생활하는 인생人生의 요도要道를 만들어야 할 것이며, 세간 출세간을 물론하고 공부에 대한 훈련訓練의 과목을 만들어야 할 것이며, 기관에 들어가서도 시대와 인심을 따라서 이 교리 이 제도를 운전하는데 결함이 없도록 조직하여야 할 것이니, 우리 일반 신자는 이에 노력하기를 바라는 바이다.

6. 분열된 교화 과목을 통일하기로

재래在來 불교에서 신자에게 가르치는 과목은 혹은 경전經傳을 가르치며 혹은 화두話頭 들고 좌선坐禪하는 법을 가르치며 혹은 염불念佛하는 법을 가르치며

치며 或은 呪文을가르치며 그가르치는 本意가 몬은 經傳을가르처서는 佛敎에 對한 敎理나 制度나 歷史를알리기 爲함이요 或은 佛供하는 法을 가르치는대 經傳으로가르치기도 話頭를들어서 坐禪식히는것은 玄妙한 眞理를깨치게함이요 念佛과 呪文을읽게하는것은 번거한 世上에 사는사람이 愛着貪着이 만아야 正道에들기가어려운고로 처음佛門에오고보면 번거한 精神을 統一식히기爲하야 가르치는 法이요 佛供法은 僧侶의生活에 도음을얻기爲하야 가르치나니 信者에잇서서는 이 科目을 한사람이 다배워야할 것인대 佛法에 對한 理解가 적은사람은 이 科目內에 或은한 혹은 주문呪文을 가르치며 혹은 불공佛供하는 법을 가르치는데, 그 가르치는 본의本意가 모든 경전經傳을 가르쳐서는 불교에 대한 교리나 제도나 역사를 알리기 위함이요, 화두話頭를 들어서 좌선坐禪시키는 것은 경전으로 가르치기도 어렵고 말로 가르치기도 어려운 현묘玄妙한 진리를 깨치게 함이요, 염불念佛과 주문呪文을 읽게 하는 것은 번거翻擧한 세상에 사는 사람이 애착愛着 탐착貪着이 많아서 정도正道에 들기가 어려운 고로 처음 불문佛門에 오고 보면 번거한 정신精神을 통일시키기 위하여 가르치는 법이요, 불공법不共法은 승려의 생활에 도움을 얻기 위하여 가르치나니, 신자信者에 있어서는 이 과목을 한 사람이 다 배워야 할 것인데, 불법佛法에 대한 이해가 적은 사람은 이 과목 내에 혹은 한

科목과목이나 或혹은 두 科목과목이나 갓이고 主주張장하며 하난말이 내가

올네 네가 굶네 是시非비가 紛분紛분하야 各각自자가서로 黨당狐고를 募모集집하야

야 初초入입者자의 信신誠성을 妨방害해하며 信신者자의 統통一일을 妨방害해하며 一일般반

佛불敎교의 威위信신을 墮타落락케하야 發발展전에 對대한 障장害해가 잇게됨으로

이 科과목을 統통一일하여 禪선宗종의 千천萬만話화頭두와 敎교宗종의 몯은 經경傳전을

단련하야 번거한話화頭두와 번거한 經경傳전은 다 ㅡ 놋와버리고 그

中중에 第제一일 綱강領령과 要요旨지가 만은 話화頭두와 經경傳전으로 일과 이 치에

研연究구力력 얻는 科과목을 定정하고 念념佛불坐좌禪선呪주文문을 단련하야 精정神신統통

一일하는 修수養양科과목을 定정하고 몯은 戒계律율과 果과報보받는 內내譯역과

가지 重중大대한 恩은惠혜를 단련하야 世세間간生생活활에 適적切절한 作작業업取취捨사의

과목이나 혹은 두 과목이나 가지고 주장하며 하는 말이 '내가 옳네, 네가 그르네.' 시비가 분분하며, 각자가 서로 당파黨派를 모집하여 초입자初入者의 신성信誠을 방해하며 신자의 통일을 방해하며, 일반 불교의 위신威信을 타락케 하여 발전에 대한 장해障害가 있게 되므로, 이 과목을 통일하여 선종禪宗의 천만 화두話頭와 교종敎宗의 모든 경전經傳을 단련하여 번거한 화두와 번거한 경전은 다― 놓아 버리고 그중에 제일 강령綱領과 요지要旨가 많은 화두와 경전으로 일과 이치에 연구력硏究力 얻는 과목을 정하고, 염불·좌선·주문을 단련하여 정신精神 통일統一하는 수양修養 과목을 정하고, 모든 계율戒律과 과보果報 받는 내역과 네 가지 중대한 은혜恩惠를 단련하여 세간 생활에 적절한 작업취사作業取捨의

科目을 定하고 몯은 信者로 하야금 이 三大科目을 並進하게 하되 硏究科目을 단련하야는 부처님과 같이 理無碍事無碍하는 硏究力을 얻게하며 修養科目을 단련하야는 부처님과 같이 事物에 끌리지 않는 定力을 얻게하며 取捨科目을 단련하야는 부처님과 같이 不義와 正義을 分析하야 一生生活에 佛供하는 資料를 寶鑑을 삼게되면 實行하는 取捨力을 얻게 하야 이 三大力으로써 誓願을 達成하는대 敎理가 自然統一할 것이요 信者도 또한 統一이 될줄로 믿는다

七、等像佛崇拜를 佛性一圓相으로

敎理發展에 或必要는잇스나 現在 等像佛을 崇拜하는것이

과목을 정하고, 모든 신자가 이 삼대 과목을 병진하게 하되, 연구 과목을 단련하여 부처님과 같이 이무애理無碍 사무애事無碍하는 연구력研究力을 얻게 하며, 수양 과목을 단련하여 부처님과 같이 사물에 끌리지 않는 정력定力을 얻게 하며, 취사 과목을 단련하여 부처님과 같이 불의와 정의를 분석하여 실행하는데 취사력取捨力을 얻게 하여, 이 삼대력三大力으로써 일생 생활에 불공하는 자료로 삼아 모든 서원을 달성하는데 보감으로 삼게 되면 교리가 자연 통일할 것이요, 신자도 또한 통일될 줄로 믿는다.

7. 등상불 숭배를 불성 일원상으로

등상불等像佛을 숭배崇拜하는 것이 교리教理 발전에 혹 필요는 있으나, 현재

로붙어 未來事(미래사)를생각하면 必要(필요)는 姑捨(고사)하고 發展(발전)에 障害(장해)가 잇슬것이다 그 証據(증거)를들어 말하자면 뭇―새를 防止(방지)하기 爲(위)하야 農夫(농부)가 農事(농사)를 지여놋고 人形(인형)허수아비를 만드러 몸은 새오는곳에 세워둔즉 그새들이 그 人形(인형)허수아비를 보고 놀내며 몃일동안은 오지 않이 하다가 저의들도 또한여러 方面(방면)으로 試驗(시험)을 보왓는지? 覺醒(각성)을 엇엇는지? 畢竟(필경)에는 달려들어 農作物(농작물)을 作害(작해)하며 주서먹다가 그 人形(인형)허수아비 우에 올너 앉어 쉬기도 하고 或(혹)은 똥도 싸며 遊戱場(유희장)같이 使用(사용)하니 이것을 본다면 그런 無識(무식)한 새(鳥)즘생도 人形(인형)허수아비를 알거든 하물며 最靈(최령)한 사람으로 저 動作(동작)이 없는 人形(인형)등 像佛(상불)을

로부터 미래사未來事를 생각하면, 필요는 고사姑捨하고 발전에 장해가 있을 것이다.

그 증거를 들어 말하자면, 농부가 농사를 지어 놓고 가을이 되고 보면 뭇 새를 방지하기 위하여 인형 허수아비를 만들어 모든 새 오는 곳에 세워둔즉, 그 새들이 그 인형 허수아비를 보고 놀라며 며칠 동안은 오지 아니하다가, 저희들도 또한 여러 방면으로 시험을 보았는지 각성覺醒을 얻었는지 필경畢竟에는 달려들어 농작물을 작해作害하며 주워 먹다가 그 인형 허수아비 위에 올라앉아 쉬기도 하고 혹은 똥도 싸며 유희장遊戲場같이 사용하니, 이것을 본다면 그런 무식無識한 새 짐승도 인형 허수아비를 알거든 하물며 최령最靈한 사람으로 저 동작動作이 없는 인형 등상불等像佛을 근(이컨)二千年(년)되서보왔으니 어찌覺醒(각성)이없으리요 萬一(만일)覺醒(각성)이생겨 난다면 無上大道(무상대도)의敎理(교리)는 알지못하고 다못 그한方便(방편)만虛(허) 無(무)하다하야 理解(이해)없는여러사람의게 惡宣傳(악선컨)하는사람이 많이 잇게된다면 어찌發展(발전)에對(대)한障害(장해)가 없을것이며

또는 尊嚴(존엄)하신佛像(불상)을 坊坊谷谷(방방곡곡)에서 여러사람이職業者(직업자)의看(간) 板(관판)같이 使用(사용)하야 일로써 各自(각자)의生活(생활)을圖謀(도모)하니 修道者(수도자)의 立場(입장)에서 저職業者(직업자)와같이 佛像(불상)을 뫼시고 佛供(불공)을 받고보면 理解(이해)없는傍觀者(방관자)로서 취급 佛像(불상)을取扱(취급)할것이며 또는 修道人(수도인)사는處所(처소)에 威(위) 佛供(불공)이많이들어올것이니 이리된다면 修道人(수도인)사는處所(처소)에 威 음식 嚴(엄)이飮食(음식) 信(신)만없어질것이않으리라 修道(수도)하는사람까지 오지않이할것이며

근 2,000년 모셔 보았으니, 어찌 각성이 없으리오.

만일 각성이 생겨난다면 무상대도無上大道의 교리는 알지 못하고, 다만 그 한 방편만 허무虛無하다 하여 이해 없는 여러 사람에게 악선전惡宣傳하는 사람이 많이 있게 된다면, 어찌 발전에 대한 장해가 없을 것이며,

또는 존엄하신 불상佛像을 방방곡곡坊坊曲曲[원문은 坊坊谷숍]에서 여러 사람이 직업자의 간판같이 사용하여 이로써 각자의 생활을 도모하니, 수도자의 입장에서 저 직업자와 같이 불상을 모시고 불공을 받고 보면 이해 없는 방관자로서 직업자와 같이 취급할 것이며 또는 음식 불공이 많이 들어올 것이니, 이리된다면 수도인이 사는 처소處所에 위신만 없어질 것이 아니라, 수도하는 사람까지 오지 아니할 것이며,

이에따라서 佛法에對한 工夫는 次々없어지고 다못營業집이 되고말지라 現在에도 一般社會가 念佛이나 佛供이나 하는 그사람들을 佛敎信者로認証하는대 그사람들에잇서서 는부처님의 正法이 무엇인지? 一切衆生濟度가 무엇인지? 善道惡道가 무엇인지? 몰으난그사람들이 佛敎信者로認証을 받을때에는 그教理와 制度를 運轉하는사람까지 同層으로取 扱하는지도 몰을지라 그어찌 發展에 障害가없으며 또는 信者가 等像佛을 崇拜하기로하면 一般信者가 다ー뫼서야할것인대 그等像佛은 造成하기가어려운지라 되 신者에잇서서는 直統弟子와같이 親近한생각이날것이며 또한

二七

이에 따라서 불법에 관한 공부는 차차 없어지고, 다만 영업營業 집이 되고 말지라.

현재에도 일반 사회가 염불이나 하고 불공이나 하는 그 사람들을 불교 신자信者로 인증認證하는데, 그 사람들에 있어서는 부처님의 정법正法이 무엇인지 일체중생一切衆生 제도濟度가 무엇인지 선도善道 악도惡道가 무엇인지 모르는 그 사람들이 불교 신자로 인증을 받을 때는 그 교리敎理와 제도制度를 운전하는 사람까지 동층同層으로 취급할는지도 모를 지라, 그 어찌 발전에 장해障害가 없으며,

또는 신자가 등상불等像佛을 모시고 숭배崇拜하기로 하면 일반 신자가 다— 모셔야 할 것인데, 그 등상불은 조성하기가 어려운지라 모신 자에 있어서는 직통直通 제자와 같이 친근한 생각이 날 것이며 또한

依支와 慰安이 될것이나 묘시지못하게된사람에 限하야는 그와 反對로 疎遠한弟子와같이생각이나며 依支와 慰安이 되지못하리니 또한遺憾이될지라 그리함으로써 우리는 佛性一圓相을 뫼시고 崇拜하기로하나니 그 佛性一圓相으로말하 면 부처님말삼에 天地萬物虛空法界가 다―부처님의성품이 라하섯으니 곳一言으로서 그名詞를 들어말하자면 佛性이 요 佛性의形像을 그려말하자면 곳一圓相이요 그一圓相의製 作된內譯을 들어말하자면 天地萬物虛空法界를 다 包含하야 造成이되엿음으로 그 一圓相이 우리衆生에게 千萬가지로恩 惠주신다는것을 事實이들어나도록 가르처줄수가잇나니 그 의지依支와 위안慰安이 될 것이나, 모시지 못하게 된 사람에 한限하여서는 그와 반대로 소원疏遠한 제자와 같이 생각이 나며 의지와 위안이 되지 못하리니 또한 유감遺憾이 될지라. 그리함으로써 우리는 불성佛性 일원상一圓相을 모시고 숭배하기로 하나니, 그 불성 일원상으로 말하면 부처님 말씀에 '천지만물天地萬物 허공법계虛空法界가 다― 부처님의 성품이라.' 하셨으니, 곧 일언一言으로써 그 명사名詞를 들어 말하자면 불성佛性이요, 불성의 형상形像을 그려 말하자면 곧 일원상一圓相이요, 그 일원상의 제작된 내역을 들어 말하자면 천지만물 허공법계를 다 포함하여 조성이 되었으므로, 그 일원상이 우리 중생衆生에게 천만 가지로 은혜를 주신다는 것을 사실이 드러나도록 가르쳐 줄 수가 있나니,

証據를들어 말하자면 天地萬物虛空法界가다―부쳐인지라 自己의求하난바와 짓는바를따라서 天地의게 當한罪福은 天地의게 佛供하고 父母의게 當한罪福은 父母의게 佛供하고 同胞의게 當한罪福은 同胞의게 佛供하고 法律의게 當한罪福은 法律의게 佛供하는 것이 事實로罪를 赦하고 福을받는것이들어날것이니 우리는 다못修道에들어가서 眞理的으로써 佛性의 一圓相을뫼시고 崇拜하고보면 理解없는 傍觀者에 잇서서도 一次次 날것이며 그區別이 次次 날것이며 또는부쳐님의 正法이 무엇인지? 一切衆生濟度가 무엇인지? 善道惡道가 무엇인지? 몰으고 다못봉사(盲人)를 찾어 問

그 증거를 들어 말하자면 천지만물 허공법계가 다― 부처인지라, 자기의 구하는 바와 짓는 바를 따라서, 천지天地에 당한 죄복罪福은 천지에 불공佛供하고, 부모父母에게 당한 죄복은 부모에게 불공하고, 동포同胞에게 당한 죄복은 동포에게 불공하고, 법률法律에 당한 죄복은 법률에 불공하는 것이 사실로 죄罪를 사赦하고 복福을 받는 것이 드러날 것이니, 우리는 다만 수도修道에 들어가서 진리적眞理的으로써 불성佛性 일원상一圓相을 모시고 숭배崇拜하고 보면 이해 없는 방관자傍觀者에 있어서도 그 구별區別이 차차 날 것이며,

또는 부처님의 정법正法이 무엇인지 일체중생一切衆生 제도濟度가 무엇인지 선도善道 악도惡道가 무엇인지 모르고, 다만 봉사[맹인盲人]를 찾아

ㅏ복이나 하고 무녀巫女를 다리려다가 굿이나 하는 사람에 지내지 못하
는 그 사람들을 불법공부인佛法工夫人으로 取취급扱하는 習습慣관도 次차次차 없어질 것
이며
또는 一般일반信신者자가 다― 佛불像상을 뫼시기로 하여도 拘구束속이 없이
뫼시게 될것이며
또는 現현時대代는 全세世界게人인類류가 次차次차 壯장年년期기에 드는지라 智지慧혜가
發발達달되는 故고로 몬은 사람이 順순境경逆역境경을 當당할 때에는 或혹 罪죄福복에
對한 理해解가 잇슬 것이며 罪죄福복에 對한 理해解가 잇고 보면 그 罪죄
福복의 根근本본處처를 찾을 것이며 그 根근本본處처를 찾기로 하면 그 意의旨지
이요 그 意의旨지가 들어나고 보면 잘 밋을 것이니 事사實실로 翻번譯역하기

문복問卜이나 하고 무녀巫女를 데려다가 굿이나 하는 사람에 지나지 못하는 그 사람들을 불법佛法 공부인工夫人으로 취급取扱하는 습관도 차차 없어질 것이며,

또는 일반 신자信者가 다― 불상佛像을 모시기로 하여도 구속拘束이 없이 모시게 될 것이며,

또는 현시대現時代는 전 세계 인류人類가 차차 장년기壯年期에 드는지라 지혜智慧가 발달發達하는 고로, 모든 사람이 순경順境·역경逆境을 당할 때는 혹 죄복罪福에 대한 이해理解가 있을 것이며, 죄복에 대한 이해가 있고 보면 그 죄복의 근본처根本處를 찾을 것이며, 찾기로 하면 그 의지意旨가 드러날 것이요, 그 의지가 드러나고 보면 잘 믿을 것이니, 사실事實로 번역飜譯하기

좋은 信仰處를 發見하야 崇拜하면 智愚를 勿論하고 安心立

命處를 얻을것이며 또는 在來佛敎와같이 自己佛供을 달은

사람에게 依賴할것이아니라 自己佛供은 自己가하여야할것이

며 그佛供하는 方式도 信者에잇서서는 다가르처야할것이다

그러면그佛供하는 方式은 무엇인가? 하면 在來佛敎를 革新한

敎理와 制度라 할것이며

또는 佛供하는 方式을 아는것과 안후에는 佛供을하야 成

功하난것이 限定이잇나니 그限定의例를대강들어말하자면

數千世上을하여야 成功할일도잇고 몇百世上을하여야 成功

할일도잇고 數十生을하여야 成功할일도잇고 몇生을하여야

三一

좋은 신앙처信仰處를 발견하여 숭배하면 지우智愚를 물론하고 안심입명처安心立命處를 얻을 것이며, 또는 재래在來 불교와 같이 자기 불공佛供을 다른 사람에게 의뢰依賴할 것이 아니라 자기 불공은 자기가 하여야 할 것이며, 그 불공하는 방식도 신자에 있어서는 다 가르쳐야 할 것이다.

그러면 그 불공하는 방식은 무엇인가 하면 재래 불교를 혁신革新한 교리와 제도라 할 것이며,

또는 불공하는 방식을 아는 것과 안 후에는 불공을 하여 성공하는 것이 한정限定이 있나니, 그 한정의 예를 대강 들어 말하자면, 수천 세상을 하여야 성공할 일도 있고, 몇백 세상을 하여야 성공할 일도 있고, 수십 생生을 하여야 성공할 일도 있고, 몇 생을 하여야

成功할일도잇고 몇十年을하여야 成功할일도잇고 몇해를하여야 成功할일도잇고 몇달 몇일을하여야 成功할일도잇난 것이 그일의 形勢를 따라서 長短이잇난것이요 또는 因緣作福 來하면서 佛供잘하고 못하는대에 잇나니 그럼으로 福이만 아고 智慧가많은사람은 佛性一圓相의 理致를 悟得하야 天 地萬物虛空法界를 다부쳐로 崇拜하며 成功의 期限區別도 分 明하야 罪福의 本源處를 찾어서 佛供을하는고로 무슨 誓願이 든지 百發百中할것이며 또한 罪福의 本源處를 알지못하는 사 람은 몬은 誓願을 等像佛 한분의 게만하며 成功의 期限도 區

성공할 일도 있고, 몇십 년을 하여야 성공할 일도 있고, 몇 해를 하여야 성공할 일도 있고, 몇 달 며칠을 하여야 성공할 일도 있는 것이 그 일의 형세形勢를 따라서 장단長短이 있는 것이요, 또는 인연 작복作福을 잘하고 못하는 것과 부귀富貴 빈천貧賤되는 것이 다― 다생겁래多生劫來를 왕래往來하면서 불공 잘하고 못 하는 데에 있나니, 그러므로 복이 많고 지혜가 많은 사람은 불성佛性 일원상一圓相의 이치를 오득悟得하여 천지만물 허공법계를 다 부처로 숭배하며, 성공의 기한期限 구별도 분명하여 죄복의 본원처本源處를 찾아서 불공을 하는 고로 무슨 서원誓願이든지 백발백중百發百中할 것이며, 또한 죄복의 본원처를 알지 못하는 사람은 모든 서원을 등상불 한 분에게만 하며 성공의 기한도

別(별)없이하난것이 譬(비)하야말하자면 父母(부모)의게할佛供(불공)을 天地(천지)의게하고 同胞(동포)의게할佛供(불공)도 天地(천지)의게하고 法律(법률)의게할佛供(불공)도 天地(천지)의게하고 一年(일년)을하여야 成功(성공)할일을 한두달하다가말고 한달이나하여야 成功(성공)할일을 하로나잇틀하다가마난것과갓흐니 그런사람에 잇서서는 佛供(불공)이虛亡(허망)할것이며 成功(성공)이없을것이다 그럼으로 우리는 天地萬物虛空法界(천지만물허공법계)를 다―부처님으로되시기爲(위)하야 等像佛(등상불)한분만부처님으로되실것이 아니라 佛性一圓相(불성일원상)을崇拜(숭배)하자는것이다

佛性一圓相造成法(불성일원상조성법)

佛性(불성)의形像(형상)을 그려말하자면 곳 一圓相(일원상)이요 一圓相(일원상)의內譯(내역)을

[三三]

구별 없이 하는 것이 비하여 말하자면, 부모에게 할 불공을 천지에 하고, 동포에게 할 불공도 천지에 하고, 법률에 할 불공도 천지에 하고, 일 년을 하여야 성공할 일을 한두 달 하다가 말고, 한 달이나 하여야 성공할 일을 하루나 이틀 하다가 마는 것과 같나니, 그런 사람에 있어서는 불공이 허망할 것이며 성공이 없을 것이다.

그러므로 우리는 등상불 한 분만 부처님으로 모실 것이 아니라, 천지만물 허공법계를 다― 부처님으로 모시기 위하여 불성佛性 일원상―圓相을 숭배하자는 것이니라.

불성 일원상 조성법

불성佛性의 형상形像을 그려 말하자면 곧 일원상―圓相이요, 일원상의 내역內譯을 말하자면 곳四恩이니 이 佛性一圓相을 崇拜하기로 하면 各自의 形便을 따라 左記와 같은 模型으로 나무에 金으로 刻字를 하든지? 그렇지 못하면 비단에 수(繡)를 놓든지? 그렇지도 못하면 조희에 普通배(布)에 붓으로 쓰든지? 하야 壁上에 淨潔히 奉安하고 心告와 祈禱를 行할 것이다 말하자면 곧 사은四恩이니, 이 불성佛性 일원상一圓相을 숭배崇拜하기로 하면 각자의 형편을 따라 아래[원문은 좌기左記]와 같은 모형模型으로 나무에 금金으로 각자刻字를 하든지 그렇지도 못하면 비단에 수繡를 놓든지 그렇지 못하면 종이에나 보통 베[포布]에 붓으로 쓰든지 하여 벽상壁上에 정결히 봉안奉安하고 심고心告와 기도祈禱를 행할 것이다.

心告와 祈禱에 對한 說明

사람이 出世하야 世上을 살어가기로 하면 自力과 他力으로써 生活해가나니 自力은 他力의 根本이되고 他力은 自力의 根本 이됨으로 自信할만한 他力을 얻은사람은 님의 뿌리가 땅을 맛남과같은지라 自信할만한 四恩의 恩惠와 威力을 알엇으니 이圓滿한 四恩으로써 信仰의 根源을 삼고 길거운일을 當할때는 感謝를 올리며 괴로운일을 當할때는 謝 罪를 올리고 決定하기어려운일을 當할때는 決定될祈禱를 올리 며 難境을 當할때는 順境될祈禱를 올리고 順境을 當할때는 姦邪하고 妄佞된곧으로 가지않도록 祈禱를 하자는것이다

三五

심고와 기도에 대한 설명

 사람이 출세出世하여 세상을 살아가기로 하면 자력自力과 타력他力으로써 생활해 가나니, 자력은 타력의 근본이 되고 타력은 자력의 근본이 되므로, 자신할 만한 타력을 얻은 사람은 나무뿌리가 땅을 만남과 같은지라, 그런고로 우리는 자신할 만한 사은四恩의 은혜恩惠와 위력威力을 알았으니, 이 원만圓滿한 사은으로써 신앙의 근원으로 삼고 즐거운 일을 당할 때는 감사를 올리며, 괴로운 일을 당할 때는 사죄謝罪를 올리고, 결정決定하기 어려운 일을 당할 때는 결정될 기도를 올리며, 난경難境을 당할 때는 순경順境될 기도를 올리고, 순경을 당할 때는 간사奸邪[원문은 姦邪]하고 망녕妄佞된 곳으로 가지 않도록 기도를 하자는 것이다.

이 祈禱의 趣味를 알어서 정성으로써 繼續하면 至誠이면 感
天으로 自然 四恩의 威力을 얻어 願하난바를 일울것이며 樂
잇는 生活을 할것이다 그러나 心告하난 誓願에 違反이되고
보면 도로혀 四恩의 威力으로써 罪罰이 잇나니 여긔에 銘心
하야 거짓된 心告를 않아는것이 心告의 內譯을 아는 사람이
라고 할것이다

心告와 祈禱하는 例

天地下鑑之位

父母下鑑之位

이 기도祈禱의 취미趣味를 알아서 정성으로써 계속하면 지성至誠이면 감천感天으로 자연自然 사은四恩의 위력威力을 얻어 원願하는 바를 이룰 것이며 낙樂 있는 생활을 할 것이다. 그러나 심고 올리는 서원誓願에 위반이 되고 보면 도리어 사은四恩의 위력으로써 죄벌罪罰이 있나니, 여기에 명심銘心하여 거짓된 심고心告를 안 하는 것이 심고의 내역內譯을 아는 사람이라고 할 것이다.

심고와 기도하는 예

　천지 하감지위天地下鑑之位
　부모 하감지위父母下鑑之位

同胞應鑑之位

法律應鑑之位

被恩者某는 四恩前에 告白하옵나이다하고 그다음 右記說明에 記載한 範圍內에서 各自의所懷를따라 心告와祈禱를하되 相對處가잇는境遇에는 默想心告와 實地祈禱와 說明祈禱를 다할수도잇고 相對處가없는境遇에는 自己心中으로만하는것이요 明祈禱만하난것이니 相對處를따라 直接當處에하는것이요 說明祈禱는 實地祈禱는 相對處를따라 直接當處에하는것이요 여러사람이 잘듯고感動이되며 覺醒이생기도록하난것이니라

三七

동포 응감지위同胞應鑑之位

법률 응감지위法律應鑑之位

피은자被恩者 모某는 사은전四恩前에 고백하옵나이다 하고, 그다음 상기上記[원문은 우기右記] 설명에 기재한 범위 내에서 각자의 소회所懷를 따라 심고와 기도를 하되 상대처相對處가 있는 경우에는 묵상심고默想心告와 실지기도實地祈禱와 설명기도說明祈禱를 다 할 수도 있고, 상대처가 없는 경우에는 묵상심고와 설명기도만 하는 것이니, 묵상심고는 자기 심중心中으로만 하는 것이요, 실지기도는 상대처를 따라 직접 당처當處에 하는 것이요, 설명기도는 여러 사람이 잘 듣고 감동感動이 되며 각성覺醒이 생기도록 하는 것이니라.

昭和十年四月二十四日印刷
昭和十年四月二十九日發行

全北益山郡北一面新龍里三四四ノ二番地
著作兼
發行者　全　世　權

全北益山郡裡里邑榮町一丁目二九番地
印刷者　眞　谷　銕　二

全北益山郡裡里邑榮町一丁目二九番地
印刷所　眞　谷　印　刷　所

全北益山郡北一面新龍里三四四ノ二番地
發行所　佛法研究會

조선불교혁신론 해제

조선불교혁신론 해제(解題)

김혜광 교무

1. 개요

  소태산 대종사 친저로 원기5년(1920)경 부안 봉래정사에서 초안하여 원기20년(1935) 발간된 원불교 초기교서 중의 하나이며, 불교 혁신의 방향을 제시하고 있다. 『조선불교혁신론』은 『불법연구회규약』(원기12년, 1927), 『수양연구요론』(원기12년, 1927), 『보경육대요령』(원기17년, 1932), 『불법연구회통치조단규약』(원기17년, 1932), 『삼대요령』(원기19년, 1934)에 이어 교과서 형태로 간행된 단행본 교서이다. 주요 내용은 총론을 시작으로 총 7항목으로 구성되어 있다.

  『불교정전』에는 권1 제1편 개선론에 그 내용이 일부 확장되어 11장으로 담겨 있으며 대부분의 내용은 현재 『대종경』 서품 15~19장에 수록되어 있고, 『불교정전』

편수 당시 보충된 내용은 『대종경』의 다른 품을 비롯하여 『정전』의 '일원상', '심고와 기도', '불공하는 법' 등에 담겨 있다. 이 책자는 저자 겸 발행인 전세권의 이름으로 원기20년(1935) 전북 익산의 진곡眞谷인쇄소에서 출간되었다.

총 43쪽 분량의 내용에 국한문혼용체의 세로 글로 구성되어 있고 한자 옆에 한글을 병기하고 있다. 『불교정전』(원기28년, 1943)에는 권1 제1편 개선론이라는 제하에 총 9쪽의 『조선불교혁신론』 내용을 담고 있다. 다만, 『불교정전』에서는 제7장 과거의 예법을 현재의 예법으로, 8장 진리신앙과 석존숭배, 9장 불공하는 법, 10장 법신불일원상조성법 등이 확충되었다.

2. 간행 및 변천

『조선불교혁신론』 편찬 간행의 배경에는 먼저 소태산의 불교에 대한 인식으로 시작된다. 소태산이 대각을 이룬 후 불교에 대해 밝힌 부분은 다음과 같다. "모든 종교의 경전을 두루 열람하시다가 금강경金剛經을 보시고 말씀하시기를 '석가모니불은 진실로 성인들 중의 성인이라' 하시고 또 말씀하시기를 '내가 스승의 지도 없이 도를 얻었으나 발심한 동기로부터 도를 얻은 경로를 돌아본다면 과거 부처님의 행적과 말씀에 부합되는바 많음으로 나의 연원을 부처님에게 정하노라.' 하시고 '장차 회상會上을 열 때도 불법을 주체로 삼아 완전무결한 큰 회상을 이 세상에 건설하리라.' 하시니라."(『대종경』 서품 2장)라고 하였다.

또 "이제는 우리가 배울 바도 부처님의 도덕이요 후진을 가르칠 바도 부처님의 도덕이니, 그대들은 먼저 이 불법의 대의를 연구해서 그 진리를 깨치는 데 노력하라. 내가 진작 이 불법의 진리를 알았으나 그대들의 정도가 아직 그 진리 분석에 못 미친 바 있고, 또는 불교가 이 나라에서 수백 년 동안 천대를 받아 온 끝에 누구를 막론하고 불교의 명칭을 가진 데에는 존경하는 뜻이 적게 된 지라, 열리지 못한 인심에 시대의 존경을 받지 못할까 하여 … 일체중생의 혜복慧福 두 길을 인도하기로 하면 이 불법을 주체로 삼아야 할 것이며, 그뿐만 아니라 불교는 장차 세계적 주교가 될 것이니라."(『대종경』 서품 15장)라고 하였다.

 이렇듯 불법을 주체 삼는 한편 석가모니불을 성중성으로 높이 평가하여 연원불로 삼는 반면에 불교혁신을 과감히 주장한 점을 주목할 필요가 있다. "불법은 천하의 큰 도라 참된 성품의 원리를 밝히고 생사의 큰일을 해결하며 인과의 이치를 드러내고 수행의 길을 갖추어서 능히 모든 교법에 뛰어난 바 있느니라."(『대종경』서품 3장)라고 했고, 그뿐만 아니라 세존의 지혜와 능력에 대해 높이 찬양하는 내용까지 담고 있다.(『대종경』서품 17장) 그런데 소태산이 이렇듯 불법에 연원을 두는 한편 불교혁신의 기치를 내걸고 『조선불교혁신론』을 저술하게 된 배경을 살펴보면 대각 후 『금강경』을 비롯한 종교 전적典籍을 봉래산 주석기에 이미 참고한 것으로 본다.

 따라서 소태산의 현실 불교에 대한 인식이 보다 구체화하기 시작한 것은 원기4년(1919) 전북 김제에 있는 금산사에 들른 후 부안군 변산에 있는 봉래산 월명암에 들어가게 되면서부터이다. 봉래산 월명암에 들어가게 된 주요한 동기는 재래 불법의 교리와 제도를 실지 참고하여 장차 혁신할 교단의 교리와 제도를 초안하기 위한 것이었다

(『불법연구회창건사』). 소태산이 변산 월명암을 택하게 된 배경은 월명암이 거사 불교의 발자취가 남아 있는 암자였기 때문이었다. 유마 거사나 부설 거사 등 재가불자의 수행에 대해 높이 평가한 면에서나 소태산을 석두거사 石頭居士·불려거사不侶居士라고 한 흔적이 이를 뒷받침한다.

이렇게 변산에서 교법을 제정하는 과정에서 기성불교의 제반 형태를 비롯하여 당시 불교개혁 운동을 주창했던 한용운·백용성·백학명·박한영·송경허 등에 의한 조선불교 혁신에 대한 논의를 간접적으로 접촉했을 것으로 보인다.『원불교교사』에서는 이 부분을 이렇게 밝히고 있다. "이때 대종사 또한 밖으로 승려들과 교제하사 재래 사원의 모든 법도를 일일이 청취하시고 안으로 제자들로 하여금 더불어 새 회상 첫 교서 초안에 분망하시니『조선불교혁신론』과『수양연구요론』등이 차례로 초안되었다.

"혁신론은 재래의 불교를 시대에 맞도록 하여 대중 교화를 하자는 것이요, … 혁신론은 원기20년(1935) 4월 발간하여 각각 상당한 동안 회상 초기교서의 일부로 사용되었다." 소태산이 승려들과 교제하면서 접한 것 중에는 한용운의 주저인『불교대전』을 비롯하여, 백학명을 중심으로 한 선지식과의 교류를 통해 불교계의 실상을 잘 알고 있었다. 특히 백학명은 반농반선의 작무선을 전개한 인물로 소태산의 혁신 운동 내지는 새로운 교단 창업에 깊은 이해와 협조를 아끼지 않았던 인물이다. 당시 간행된 초기교서로는 『불법연구회규약』(원기12년, 1927), 『수양연구요론』(원기12년, 1927), 『보경육대요령』(원기17년, 1932), 『삼대요령』(원기19년, 1934) 등이 있다.

특히 『조선불교혁신론』이 나오기 전에 한용운의 『조선불교유신론』(1913)은 불교유신사상을 담고 있어 당시 불교 개혁에 대한 정황을 잘 제시해 주고 있다. 한편 『조선불교혁신론』이 편찬 간행되기 전후의 정치 사회적 상황과 종교 정황을 보면, 일제의 조선에 대한 식민통치가 무단통치, 문화통치를 거쳐 전시체제로 돌입한 상황이었다. 따라서 그 어느 때보다도 탄압이 고조된 시기였음을 알 수 있다. 일제가 포교규칙을 제정 반포하여 종교를 탄압하기 시작한 것은 1915년 무렵부터이다. 1915년 8월 반포된 포교규칙은 종교와 교육의 분리, 종교기관 설립의 허가제 등을 통하여 종교를 탄압했다.

더구나 1920년대는 일제의 문화통치기로 경제적 수탈,

한국 문화와 역사에 대한 말살, 대륙침략을 위한 조선의 병참기지화 등으로 식민통치가 한층 심화한 시기였다. 뿐만 아니라 원기10년(1925) 조선총독부는 조선총독부령 83호인 포교규칙을 반포하여 조선 내에서 불교와 그리스도교 신도만을 종교로 인정하고 나머지는 종교로 인정하지 않는 종교탄압정책을 강화하기 시작했다. 이런 종교단체의 분열 어용화에 의한 민족주의자의 배제정책이 등장하게 된 배경은 1910년대 무단통치하에서 민족주의자들이 대부분 종교단체에 의지해 활동하면서, 삼일운동에서 천도교·그리스도교 등 종교단체가 대중결집의 매개체 역할을 수행한 데 기인한다.

따라서 이런 종교단체를 분열시키고 재편성 어용화를 통한 민족주의자를 배제하는 방법이 되었다. 1920년 초 일제가 동원한 종교단체의 어용화 방법을 보면 지도층 내부의 대립을 의도적으로 조작하여 분열을 꾀하고 그 대립 항쟁을 이용하여 민족주의자를 배제하는 방법, 신도수가 증가하는 종교에 대해서는 분열 공작을 하고, 종교단체를 분열시킬 때는 반드시 친일분자를 이용하여 약화하며, 종교단체 분열에 사용된 슬로건은 항상 혁신·개혁과 종교의 사회화라는 명목을 내걸고, 기성종교를 약화해 나갔다. 이른바 유사종교를 적극 보호 장려하는 등의 정책을 폈다.

이런 종교탄압의 일환으로 출현한 것 중의 하나가 바로 원기20년(1935) 간행된 『조선의 유사종교』이다. 이상과 같이 당시 정치 사회 및 종교계의 상황이 일제의 제국주의 침략 정치의 틀 내에서 1920~35년대 한국의 종교상황은 유사종교의 해산 속에서 한민족에게 민중 종교의 새로운 메시지를 요청받고 있었다.

『조선불교혁신론』이 간행될 당시에는 총 7장으로 구성되어 있었다. 그러나 『불교정전』이 간행되면서 〈개선론〉이라는 제하에 총 11장으로 확충되어 있음을 알 수 있다. 『조선불교혁신론』과 『불교정전』의 내용을 비교해 보면 『혁신론』의 4장 '외방의 불교를 조선의 불교로'가 개선론에서는 '외방의 불교를 우리의 불교로'로, 6장 '분열된 교과과목을 통일하기로'가 개선론에서는 '편벽된 수행을 원만한 수행으로'로 각각 바뀌어 있으며, 〈개선론〉에 별도로 추가된 것은 제7장 '과거 예법을 현재의 예법으로'가 있다. 그 밖에 8장 진리신앙과 석존숭배, 9장 불공하는 법, 10장 일원상 조성법, 11장 심고와 기도가 각각 별도의 장으로 구성되어 있다.

그리고 『조선불교혁신론』의 내용이 오늘날 『정전』 및 『대종경』에 수용된 상황을 보면, 『조선불교혁신론』의 1, 2장은 『대종경』 서품 16장에, 3장이 『대종경』에서는 서품 17장에, 4, 5장은 서품 18장에, 6장은 서품 19장에 각각 담겨 있으며, 7장 심고와 기도는 『정전』 수행편 9장 '심고와 기도', '불공하는 법'은 『대종경』 교의품 12, 13, 14에 각각 편입된 반면 '일원상 조성법'은 생략되었다.

3. 구성과 내용

『조선불교혁신론』은 '과거 조선사회의 불법에 대한 견해', '조선 승려의 실생활', '서가모니불의 지혜와 능력', '외방의 불교를 조선의 불교로', '소수인의 불교를 대중의 불교로', '분열된 교화과목을 통일하기로', '등상불 숭배를 일원상 숭배로' 등 7장으로 구성되어 있다. 원기28년(1943) 편정된 『불교정전』에서는 〈개선론〉 편이라는 제하에 그리고 원기47년(1962) 발행된 『원불교교전』 편수에서는 『정전』과 『대종경』에 각각 그 내용이 수록되고 있다.

　전체적인 내용을 개관하면 1, 2장에서는 한국불교에 대한 그릇된 인식, 토착화되지 못한 점을 들고, 3장에서는 세존의 위대한 점을 11개 조항으로 밝히고 있으며, 4, 5장은 '외방의 불교를 조선의 불교로', '소수인의 불교를 대중의 불교로'라는 제목이 시사하듯 불교의 시대화·생활화·대중화를 제창하는 혁신론을 제시하고 있다. 6장은 분열된 수행 과목을 삼학으로 통일하고, 7장에서는 등상불신앙을 일원상 신앙으로 전환한 이유를 각각 제시하고 있다.

　각 장의 내용을 좀 더 자세히 소개하면 다음과 같다. 총론에서는 조선의 불교가 가지고 있는 폐단을 지적하고 발전의 방향을 제시함으로써 미래의 불법이 나아가야 할 대강을 제시하고 있다. 혁신의 방향으로는 외방의 불교를 조선의 불교로, 과거 불교를 현재와 미래의 불교로, 산중 승려의 불교를 일반 대중의 불교로 혁신할 것을 밝히고 있다.

1) 과거 조선사회의 불법에 대한 견해

과거 조선사회의 불법에 대한 여러 가지 견해를 자세히 밝히고 있다. 예를 들면, 유교의 세력에 밀려 산중 불교화된 점, 죄를 사하고 복을 빌기 위해 불공을 하는 모습, 승려는 독신 삭발, 염불 송경하며 걸식하는가 하면 세속의 귀천을 막론하고 문안을 올리며, 불살생, 어육주초의 금지, 승려가 되는 자의 부류 등이 오랫동안 관습화되어 있어 불교 발전에 부정적인 영향을 미치는 점을 지적하고 있다.

2) 조선 승려의 실생활

조선 승려의 실생활을 말하게 된 배경은 이렇게 밝히고 있다. "이 말을 하고자 하는 이 사람도 과거 조선사회의 한 사람으로 불교에 대한 상식이 없다가 어떠한 생각 어떤 인연으로 불교를 신앙하는 동시에 불교에 대한 약간의 상식이 있게 됨으로써 조선 승려의 실생활을 말하게 되었다."고 하여 어떤 생각, 어떤 인연이 무엇인지는 분명히 밝히지 않지만, 당시 불교 승려들과의 접촉을 간접적으로 시사하고 있다. 조선 승려의 실생활을 대체로 들자면, 세속을 벗어나 산수풍경이 좋은 곳에 사원을 건축하고 불상을 모시고 몇 사람의 동지와 함께 수도하며, 의식은 세속 사람들에 의지하면서, 위의를 갖춰 염불·송경·좌선하는 생활, 출세간 위주의 교리, 제도에다 산중 승려의 수도생활은 천상선관天上仙官의 생활이라고 했다.

3) 세존의 지혜와 능력

부처님께서는 생사 없는 이치와 다생겁래에 한없는 생이 있는 줄을 더 아시고, 천지만물의 본래 이치며, 자신 제도 후 시방세계 일체중생을 제도하실 능력이 있으시며, 중생이 받는 모든 고락의 원인을 다 아시고 복락이 없으면 이를 오게 하는 능력이 있으시고, 지혜가 어두워지면 밝게 하는 능력, 탐·진·치에 끌리지 않으시며, 있는데 당할 때 없는 데까지 아시고 없는 데를 당할 때 있는 데까지 아시며 육도의 변화하는 이치를 아시고, 사물을 당할 때 자리이타로 하시다 못 하시게 되면 이해와 생사를 불고하고 남을 이롭게 하는 것으로 자신의 복락으로 삼으시며 우주만유를 다 소유로 삼고 시방세계가 다 집이요, 일체중생을 모두 권속으로 삼으신다.

4) 외방의 불교를 조선의 불교로

불교는 인도, 중국을 거쳐 조선에 들어와 인도 숙어 명사, 중국어 명사 숙어가 많고 일반적으로 배우기도 어렵고 알기도 어려운 한문으로 경전이 구성되어 있어 유·무식 남녀노소를 막론하고 가르치기 어려운데, 조선의 문자에 혹 한문을 가하여 교리와 제도의 정선 교과서를 정하고 이를 깨치게 한 후에 과거 경전을 참고하여 가르치는 것이 좋을 것이다.

5) 소수인의 불교를 대중의 불교로

재래 조선불교는 배척을 받을 때 출세간 위주의 교리와 제도가 조직되어 불교의 대중화가 어려웠다. 출세간 본위의 교리와 제도가 세간 생활에 맞지 않는 것은 인간이 없는 데에 교당을 두고 있으며, 의식주 생활에서도 사농공상 원 직업을 놓고 불공·시주·동령에 의한 생활, 결혼의 금지, 출세간 생활 위주로 교리가 제정되어 있으나 앞으로는 세간, 출세간을 따지지 않고 공부와 사업의 등급만 따르도록 하며 수도하는 처소도 신자를 따라 어느 곳이든지 건설하며, 의식주 생활도 각자 처지에 따를 것이며, 결혼도 자의에 맡기고, 교육과 수도를 적절히 함으로써 불교의 대중화, 생활화를 제언하고 있다. 이는 공부의 요도와 인생의 요도로서 결함 없는 제도를 운전하게 한 것이다.

6) 분열된 교화과목을 통일하기로

재래 불교에서는 각 종파마다 신자에게 가르치는 과목은 경전, 화두를 들고 좌선하는 법, 염불, 주문, 불공하는 법을 각각 주장함으로써 초입자에게 신성과 신자의 통일을 방해하고 불교 위신의 타락과 발전에 장애가 되므로 삼대 과목으로 통일하여 신앙과 수행을 진행하면 교리와 신자가 자연 통일될 것이다.

7) 등상불 신앙을 불성 일원상으로

등상불 신앙이 갖는 문제점을 예로 들어 지적하면서 일원상은 천만 가지로 은혜를 주신다는 것을 사실로 드러나도록 가르칠 수 있고 천지만물 죄복의 당처에 불공함으로써 진리적 불성 일원상을 불공의 대상으로 삼도록 가르칠 수 있다고 함으로써 과거 등상불 신앙을 불성 일원상 신앙으로 혁신하자는 것이다. 말미에 불성 일원상 조성법과 심고와 기도에 대한 설명이 첨부되어 있다.

4. 조선불교혁신론의 혁신 사상

이상의 내용을 통해 『조선불교혁신론』에 담겨진 불교혁신 사상을 정리하면 다음과 같다. 소태산의 불교혁신 뜻은 불교의 본질은 드러내되 교리와 제도는 시대와 인심에 따라 시대화·대중화·생활화하는 방향으로 개혁하자는 의지가 분명하게 드러나 있다.

첫째, 교리 제도의 측면에서 불상 숭배의 허구성을 지적하고 그 대안으로 불성 일원상 신앙을 제안한다. 등상불 신앙의 허구성은 인류의 지견 정도에 따라 죄복의 근원처에 대한 설명이 달라져야 함을 지적하고 시대 인류의 지견이 장년기에 접어들면 사리 분별이 정확해지고 합리적 사고가 지배하므로 인격숭배에서 진리신앙으로 전환될 것을 전망하고 있다. 또한 종래 불교의 수행 방법을 보면 종파 간 다양한 방법을 볼 수 있었다.

예를 들면, "재래 사원에서는 염불종念佛宗은 언제나 염불만 하고 교종敎宗은 언제나 간경看經만 하며 선종禪宗은 언제나 좌선만 하고 율종律宗은 언제나 계戒만 지키면서, 같은 불법 가운데 시비 장단을 말하고 있으나, 그것은 다 계·정·혜 삼학의 한 과목들이므로 우리는 이것을 병진하게 하되, 매일 새벽에는 좌선을 하게 하고, 낮과 밤에는 경전·강연·회화·의두·성리·일기·염불 등을 때에 맞추어서 하게 하여, 이 여러 가지 과정으로 고루 훈련하나니, 누구든지 이대로 정진한다면 재래의 훈련에 비하여 몇 배 이상의 실 효과를 얻을 수 있으리라."(『대종경』 교의품 20장)고 지적하고 있다.

소태산이 이런 각종 각파로 분리된 종래의 수행 방법을 통합하여 제시한 것이 삼학수행법이다. 매일 새벽에는 좌선하고 낮과 밤에는 경전·강연·회화·의두·성리·일기·염불 등을 고루 병진하게 한 것이다.

둘째, 불법의 시대화를 위해 조선사회에 불교가 토착화되려면 불법의 시대적 적합성 즉, 불법을 인도하는 경전을 유·무식 남녀노소를 막론하고 누구나 배우고 가르칠 수 있어야 함을 지적한다.

셋째, 불교 제도가 출세간 위주의 소수인의 불교를 생활불교로 개혁할 것을 주창한다. 그리하여 사농공상의 차별 없이 누구나 공부할 수 있도록 대중화하여 교리에서도 견성, 양성만을 주체로 할 것이 아니라 솔성을 가하여 삼강령을 주체로 하도록 함으로써 출세간과 세간 생활에 필요한 공부의 요도와 인생의 요도를 병진하도록 하고 있다.

5. 조선불교혁신론의 의의

『조선불교혁신론』은 종교사적 의의와 원불교의 역사적 측면에서의 의의로 고찰할 수 있다.

1) 종교사적 의의

일제강점기에 불교혁신과 관련된 주장은 다양하게 전개된 바 있다. 예를 들면 권상로의 『조선불교개혁론』(1912~1913), 한용운의 『《조선불교유신론』(1913), 이영재의 『조선불교혁신론』(1922), 김벽옹의 『조선불교기우론』(1927) 등이 그것이다. 권상로의『조선불교개혁론』이 국권침탈 직후인 1910년, 일본 조동종과 맹약을 체결한 수구파인 원종을 대변하는 점진적인 개혁론이라면, 한용운의『조선불교유신론』은 조동종과의 맹약에 반대하며 임제종의 주역인 유신당의 입장을 취하고 있고, 이영재의『조선불교혁신론』은 종교학도로서 개혁론이며, 김벽옹의『조선불교기우론』은 불교 유신 운동이 일어난 지 수십 년 후 불교 현상에 대한 반성론으로 당시 승려들에게 전한 메시지이다.

이에 반하여 소태산의『조선불교혁신론』은 새로운 불교 교단의 성립을 전제로 한 운동이념이었다. 그리고 불교교단에서 이미 제기된 위의 개혁론은 입장에 따른 차이는 있지만 대체로 승단의 개혁에 초점을 두고 의식개혁, 제도정비, 승려교육, 선풍진작, 포교개혁 등의 내용을 담고 있다. 이에 반하여 소태산의『조선불교혁신론』은 외방의 불교를 조선의 불교로, 소수인의 불교를 대중의 불교로, 분열된 교화 과목의 통일, 등상불 숭배를 불성 일원상으로라는 네 가지 개혁 과제를 제기하고 있는 점에서 구별된다.

한마디로 불법의 시대화·대중화·생활화를 주장한 것이다. 따라서 불교계에서 제기한 구체적인 현실적 과제보다는 불법이 앞으로 나가야 할 방향을 제시하는데 주안을 둔 것이다. 오히려 구체적인 과제는 교단의 삼대 사업목표를 제시하면서 교화, 교육, 자선을 병진할 때 결함 없이 할 것이라는 부촉에서 언급되는 면(『대종경』 부촉품 15장)을 볼 수 있다.

2) 원불교의 역사적인 측면

첫째 원불교의 불교와의 관계를 연원불로 규정함으로써 불타관을 정립해주고 있다. 둘째 현실적인 교단으로서 불교 즉, 교단 불교에 대해서는 적극적인 개혁을 통해 새 회상의 제도이념이 현실사회에서 어떻게 구현될 것인가의 방향을 설정해주고 있다. 셋째 불교 본질의 신앙과 수행에 있는바 법신불 신앙과 아울러 삼학 병진수행을 정립해주고 있다. 끝으로 교리의 체계화, 교서결집이 시대화·생활화·대중화의 방향으로 지속해서 이뤄져야 할 필요성을 제기해주고 있다.

※ 편집자 주 : 본 내용은 『원불교대사전』에 실린 김혜광 교무의 글을 옮겨놓은 것으로 『조선불교혁신론』의 이해를 돕고자 했습니다.

소태산 대종사의
조선불교혁신론

인쇄일	2020년 10월 23일 초판 1쇄 인쇄
발행일	2020년 10월 30일 초판 1쇄 발행
글쓴이	소태산 대종사
펴낸곳	원불교출판사
펴낸이	주영삼
출판등록	1980년 4월 25일(제1980-000001호)
주소	54536 전라북도 익산시 익산대로 501
전화	063)854-0784
팩스	063)852-0784
홈페이지	www.wonbook.co.kr
인쇄	문덕인쇄

ISBN 978-89-8076-360-3(03200)
값 10,000원

잘못 만들어진 책은 구입처나 본사에서 교환해 드립니다.